Ln 27 17567

NOTICE BIOGRAPHIQUE

SUR

M. DOMINIQUE RIVES

ANCIEN CONSEILLER D'ÉTAT

DOYEN DES CONSEILLERS DE LA COUR DE CASSATION

COMMANDEUR DE L'ORDRE IMPÉRIAL DE LA LÉGION D'HONNEUR, ETC.

Décédé à Paris le 27 Novembre de l'année 1863.

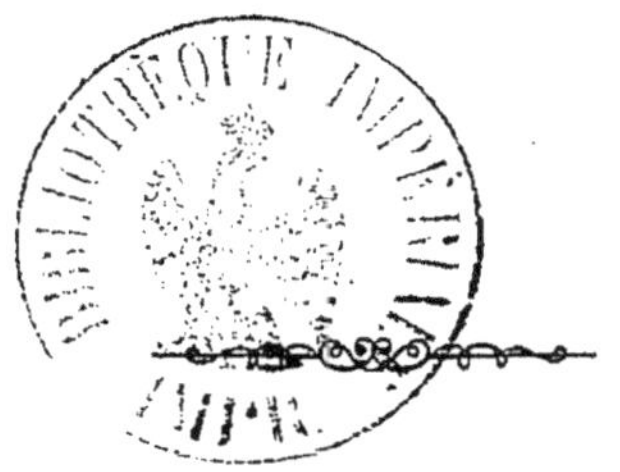

MEAUX

LIBRAIRIE DE A. LE BLONDEL

PLACE SAINT-ÉTIENNE, 16.

—

1864.

MEAUX. — IMP. DE A. COCHET.

Depuis trois mois que M. Rives, doyen des conseillers de la Cour de cassation, est descendu dans la tombe, nous espérions qu'une plume exercée et compétente nous retracerait les traits principaux d'une vie aussi remplie que vie humaine le peut être, et digne d'être offerte en exemple à beaucoup d'hommes de notre génération.

Nous dirions que M. Rives fut exclusivement le fils de ses œuvres, si ces termes n'étaient devenus d'une extrême banalité, et si, dans notre temps, ils ne paraissaient point laisser de côté la Providence. Le respectable Magistrat fit tout ce qui est possible pour éloigner les faveurs. Ce que l'on appelle sa fortune a été acquise tout entière par ses vertus, son travail et sans doute aussi une intelligence peu commune. Il est beau, il est consolant de voir partir d'un coin obscur, pour parvenir à l'un des degrés les plus élevés de la magistrature, un homme aussi scrupuleux pour tout ce qui peut blesser la conscience, et si énergiquement ferme dans les droits sentiers du devoir.

La notice nécrologique donnée par quelques journaux ne présente que des aperçus lointains et qui ne sauraient fournir une juste idée de la longue carrière de M. Rives. Le monde qui l'avait beaucoup connu l'a promptement oublié, selon sa coutume, mais il reste encore des cœurs fidèles qui se plaisent à retourner en arrière pour suivre, le long de son chemin, l'homme excellent qui leur avait été cher et qui peut-être avait des droits à leur reconnaissance. A défaut d'autres, nous faisons œuvre de bonne volonté, et nous allons essayer de mettre en ordre les notes et les souvenirs que nous avons conservés.

Il y a vingt-trois ans que nous connaissons M. Rives. Nous avons passé de longs mois dans son intimité et pu jouir de tout le charme de ses conversations autant que de son amitié si vraie, si simple et si constamment généreuse ; ce sera d'ailleurs un adoucissement aux amers regrets qu'il laisse au fond de notre cœur. Il se fait là un vide qui ne sera jamais comblé ; les hommes de cette trempe sont trop rares de nos jours pour espérer d'en rencontrer encore aux mêmes conditions.

M. Rives (Dominique-Bernard) naquit à Miélan, province
de Gascogne, le 11 mars 1789. S'il eut toute la vivacité de
ses compatriotes, il demeura fort étranger aux petits dé-
fauts qu'on leur reproche. Jamais homme ne fut plus modeste et plus rigoureusement scrupuleux à l'égard de la
vérité. Il fit de brillantes études au collége de Tarbes et
montra, dès le début, un esprit tout à fait supérieur. Ses
humanités terminées, il conçut un ardent désir de se livrer
à l'étude du droit, mais la fortune de ses parents venait
mettre un grand obstacle à ses goûts. Il partit cependant
pour Toulouse, obtint une place de professeur dans une
pension de la ville, et suivit les cours de la Faculté après
avoir échappé trois fois aux dures lois de la conscription.

Dans le courant de 1809, le préfet des Hautes-Pyrénées,
qui avait conservé du jeune Rives et de ses succès de collége un vif souvenir, l'appela près de lui en qualité de
secrétaire de son cabinet. M. Rives achevait ses études de
droit, et il accepta volontiers l'offre qui lui était faite avec
une grâce bienveillante dont il ne perdit jamais le souvenir. En entrant dans une carrière pour lui toute nouvelle
et inconnue, sa brillante intelligence s'y révéla tout d'un
coup, aidée par cette ardeur de travail qui ne recule devant rien. Dans l'espace de moins d'une année, le jeune
Secrétaire avait étudié à fond les volumineux recueils
qui renferment la législation administrative, compulsé

tous les arrêtés émanés de la Préfecture et mis à jour une foule d'affaires qui demeuraient ensevelies depuis un temps considérable dans le cabinet du préfet. Aussi, à l'âge de moins de vingt-deux ans, était-il devenu le pivot sur lequel tout roulait dans l'administration départementale. Rien d'un peu important n'était expédié sans son avis préalable, et le recours à ses précieux renseignements.

Pour récompense de son travail, et comme témoignage de satisfaction, le préfet des Hautes-Pyrénées l'emmena à Paris en 1810, pour les fêtes du mariage de l'Empereur avec l'archiduchesse Marie-Louise. Il vit toutes ces grandeurs sans en être ébloui, car au fond de son âme il aimait beaucoup l'ancienne monarchie dont il était loin de prévoir le retour.

M. l'abbé de Montesquiou, un des hommes les plus considérables de cette province, ne tarda pas à entendre parler de son jeune compatriote et désira le connaître. Il fut frappé de la force et de la maturité de cet esprit, lui témoigna le plus touchant intérêt, et à partir de là il s'établit entre eux une liaison que la mort seule vint interrompre.

M. de Montesquiou était le chef ardent du parti royaliste en province et à Paris. Il ramena M. Rives dans la capitale, peu de temps avant la chute de l'Empire, et l'on devine facilement avec quelle joie ils accueillirent tous deux le retour de la famille des Bourbons.

Cependant M. Rives reprit le chemin de Tarbes, et le 30 juillet 1814 une ordonnance du roi Louis XVIII le nommait Secrétaire général de la préfecture.

Pendant les cent-jours il se retira dans sa famille, puis il reprit ses fonctions, par suite de l'ordonnance de Cambrai, du 28 octobre 1815, pour les exercer jusqu'au 30 avril 1817. Ce fut à cette époque qu'il quitta sa province pour venir se fixer à Paris où l'appelait M. l'abbé de Montesquiou, et aussi un instinct secret qui lui disait que sur ce vaste théâtre son esprit déploierait plus librement ses ailes.

En retournant dans la Cité bruyante où convergent toutes les ambitions, M. Rives ne lui demandait ni son luxe ni ses plaisirs. L'unique but qu'il se proposait était de gagner modestement son pain de chaque jour. Quoique dévoué jusqu'au fond du cœur à la Monarchie restaurée, il ne songeait point à se livrer aux luttes de la politique, encore moins songeait-il à descendre au rôle de solliciteur.

Il aimait passionnément le travail, et c'était par cette unique voie qu'il entendait tracer son sillon dans le monde agité où il prenait place. Sa nature ardente et passionnée portait avec elle deux puissants contre-poids, un grand sens et une parfaite honnêteté, qui prenait ses racines dans une piété aussi profonde qu'éclairée. « J'ai toujours eu, par la grâce de Dieu, nous disait-il, une horreur instinctive et invincible de tout ce qui est bas et honteux. » En effet, dans le cours de sa longue carrière, la plus sévère critique ne trouverait rien à relever de cet ordre, rien même qui en revêtit l'apparence.

M. Rives s'était fait inscrire au tableau des avocats de la Cour royale, mais son caractère le disposait peu aux agitations du barreau, et il préférait le rôle plus paisible d'avocat consultant. Pour tenir un cabinet et faire face aux exigences de la situation, il fallait de l'argent ; or l'argent lui faisait complétement défaut. La divine Providence, qui n'abandonne jamais les hommes de cœur et de bonne volonté, mit sur son chemin une de ces âmes qui ne calculent point quand il s'agit de rendre service à un de leurs semblables. M. le marquis général de Courtemanche, qui avait enduré les longues privations de l'exil, n'hésita pas un instant à partager avec le jeune jurisconsulte les premiers fonds recueillis par lui à sa rentrée sur le sol français. Son protégé se mit au travail et bientôt fut en état de restituer tout ce qu'il devait à la générosité de son bienfaiteur. Le souvenir de ce trait de bienfaisance resta profondément gravé dans le cœur de M. Rives, et nous voyons encore les grosses larmes qui coulaient sur son visage quand il nous le racontait, il y a sept ou huit ans, sous les ombrages de sa terre de Normandie. Ces deux hommes, quoique nés dans des conditions fort différentes, étaient néanmoins bien faits pour se comprendre et s'aimer. La loyauté et la fidélité n'offrent point de plus parfaits modèles.

M. Rives, dépouillé de toute ambition et content de la petite fortune que lui procurait son travail,. vivait loin du monde, ne songeant qu'à ses affaires et à son instruction. Cependant sa réputation croissait, et il fut appelé au ministère de l'intérieur comme membre.d'un comité consultatif. M. Lainé occupait alors cet important ministère. Doué d'un remarquable talent oratoire, M. Lainé était un de ces esprits singuliers qui mêlent les choses les plus opposées, sous prétexte de les concilier. Un peu philosophiste en religion et révolutionnaire en politique, il visait à ce juste-milieu, ou plutôt à ce système de bascule qui séduit facilement les gens à vue courte, et leur persuade qu'ils ont de l'habileté, par la raison qu'ils manquent de scrupule. M. Rives n'était nullement façonné à ce genre d'évolutions ; il entendait servir la royauté sans avoir besoin de tendre la main à ses ennemis, et ne dissimulait jamais le fond de sa pensée. Aussi ne tarda-t-il pas à être évincé comme *ultra*-royaliste. Une explication s'ensuivit entre le ministre et l'avocat disgracié. Celui-ci répondit avec une fière dignité et une franchise de langage qui déconcertèrent M. Lainé ; puis il reprit le chemin de son cabinet avec le calme d'une conscience satisfaite. Chose singulière ! ce fut cette colonne brisée qui lui servit pour ainsi dire de piédestal.

La conversation dont nous venons de parler avait eu du retentissement parmi les vrais serviteurs de la monarchie, et inspiré de chaudes sympathies pour ce jeune provincial dont le caractère se dessinait par des traits si honorables et si peu ordinaires dans un homme dépourvu de fortune, et à un âge où l'ambition se prête à tant d'accommodements. Un célèbre jurisconsulte, connu du plus grand monde, M. de la Calprade, témoigna le désir de le voir et de le recevoir à dîner. M. Rives fut flatté d'un acte de bienveillance que rien ne lui faisait présager, et se rendit chez M. de la Calprade. Ces deux nobles et chrétiennes âmes se comprirent du premier coup, et, malgré la différence d'âge, elles se lièrent d'une amitié aussi étroite que persévérante.

La maison de ce nouvel ami n'était pas seulement ouverte aux affaires des grandes maisons de Paris et de la province, c'était le rendez-vous des hommes de lettres et de la société la mieux choisie. M. Rives n'y fut point déplacé. A l'étude du droit, il avait joint la culture assidue des lettres ; son esprit était vif et pétillant, ses lectures immenses, sa parole courtoise sans affectation, son maintien grave et d'une naturelle distinction. Il fut bientôt apprécié par les hôtes de la maison, et forma des liaisons qui apportèrent les plus agréables changements à son existence.

Le crédit de ses amis et de M. de Montesquiou en particulier ne fut sans doute point étranger aux faveurs qui vinrent le chercher dans sa retraite. Dès le 22 novembre de l'année 1820, il fut nommé avocat au conseil du Roi et à la Cour de cassation. Cette charge, et bien mieux encore la haute aptitude qu'il y déploya le mirent en évidence, aussi ne la garda-t-il que peu de temps. Le 4 janvier 1822, une ordonnance du roi l'appelait au ministère de la justice, en qualité de directeur des affaires criminelles et des grâces, et enfin le 17 février suivant une autre ordonnance le nommait rédacteur spécial du *Bulletin de la Cour de cassation*. Ce double emploi était considérable ; il donnait au directeur la présentation au ministre des magistrats qui composent le parquet des cours et tribunaux. M. Rives se plaisait beaucoup dans cette haute fonction, et par l'importance qu'elle avait en elle-même, et par l'aliment qu'elle fournissait à son amour pour le travail.

En peu de temps, il parcourut tous les dossiers et mit l'ordre le plus sévère dans son cabinet. Rigide et scrupuleux observateur des moindres règles de la justice et de l'équité, il prit des notes aussi exactes que la prudence humaine le peut permettre sur tout le personnel dont il devenait le tuteur, et rien au monde ne fut capable de lui extorquer ce qu'on appelle un tour de faveur. Si la foule des solliciteurs a grossi en raison du *progrès* de la civilisation, elle était déjà nombreuse alors et encombrait le cabinet du nouveau Directeur. Mais bientôt elle comprit qu'elle venait inutilement se heurter à un roc que rien n'ébranle ni n'amollit. « J'avais, nous disait M. Rives, un argument sans réplique et qui me mit à l'abri des obsessions. Je répondais au solliciteur : Supposez que votre protégé ait le numéro premier sur ma liste, et qu'un intéressé vienne me demander de le reléguer au troisième ou au quatrième rang, que me conseilleriez-vous de faire? Et si je cédais imprudemment aux désirs de votre compétiteur, que penseriez-vous de moi et du gouvernement que je sers? » Devant un raisonnement de ce genre, il devenait difficile de se plaindre, et encore plus difficile d'insister.

M. Rives, malgré l'austérité de sa vie, aimait la bonne société ; il y était recherché et ses relations devinrent nombreuses parmi le monde distingué de la capitale. Ce surcroît de devoirs ne nuisait en aucune manière, soit à l'accomplissement de ses pratiques de religion, soit à son instruction personnelle, soit au rude labeur qu'exigeaient ses fonctions. Sa robuste santé en fut ébranlée. Il fut pris d'une maladie de larynx qui finit par donner de vives inquiétudes à son médecin et à ses amis. Néanmoins il continua son travail, tout en suivant le traitement qui lui était prescrit. Sa ferme et énergique volonté lui fit accepter et pratiquer un silence absolu de près de six mois. Enfin, il triompha de cette douloureuse épreuve et reprit sa vie habituelle. Il avait conservé pour son pays natal et les proches parents qu'il y avait laissés une affection très-tendre. Chaque année, il allait avec bonheur embrasser sa sœur et son frère, et respirer à loisir l'air de sa Gascogne. Il en parlait souvent et avec un accent qui montrait combien lui étaient chers tous les souvenirs de son enfance. Naturellement généreux et magnifique, il répandait de nombreux bienfaits dans la petite ville de Miélan, et

on nous le racontait encore avec attendrissement, lorsque
nous y passâmes en 1858. La modeste Cité était fière de cet
enfant sorti de son sein et lui faisait l'accueil le plus sym-
pathique. M. Rives aurait pu y multiplier les actes de cette
générosité facile qui s'alimente au Trésor public ; il se contentait de donner le fruit de ses épargnes personnelles, et
on ne lui demandait rien au delà. Lui-même remplissait ses
fonctions sans autre ambition que d'y faire le mieux possible et satisfaire sa droite conscience.

Plus d'une voie s'ouvrait devant lui pour le conduire aux
honneurs et à la fortune. Monsieur, comte d'Artois, depuis
Charles X, le connaissait personnellement et lui témoignait
autant de bienveillance que d'estime. Ses convictions religieuses, qui n'étaient un mystère pour personne, l'appelaient
naturellement au sein de cette société de royalistes qui s'était
constituée sous le nom de Congrégation, et jouissait du haut
patronage de madame la duchesse d'Angoulême. M. Rives
n'ignorait pas la puissance de la société, et il en eût reçu
un appui solide, si lui-même avait prêté l'oreille à ses re-
commandations. Non-seulement il se tint à l'écart, il se montra même sans détour l'adversaire de la Congrégation. Tout en
rendant justice à la plupart des membres qui la composaient
et dont les sentiments étaient aussi loyaux que désintéres-
sés, il avait cru remarquer aussi qu'un assez grand nombre
d'associés, intrigants et d'une médiocrité notoire, n'entraient
là que pour escalader les emplois et y attirer leurs associés.
M. Rives voyait là un danger pour la monarchie qu'il aimait
passionnément, et cela suffisait pour lui tracer sa ligne de
conduite. De plus, l'idée de faire servir la religion à son
propre intérêt, bouleversait de fond en comble cette âme si
droite et si délicate. Les dangers qu'il avait prévus n'étaient-
ils que de vains fantômes d'imagination? Nous ne saurions
au juste rien affirmer, mais nous ne saurions non plus mé-
connaître la sagacité de M. Rives. Lorsque la monarchie fut
emportée par une catastrophe qui dépassait les prévisions
même de ses ennemis, M. Rives demeura convaincu que les

intrigues de la Congrégation et les colères qu'elle souleva y contribuèrent plus qu'on ne le pense communément.

Cependant le Roi, qui savait combien ce fidèle et laborieux serviteur avait besoin de repos, voulut l'arracher à ses trop nombreuses occupations, en le nommant Conseiller à la Cour de Paris, et l'ordonnance fut rendue le 28 décembre 1828. La même ordonnance lui conférait le titre de conseiller d'État en service extraordinaire, et autorisé à prendre part aux délibérations du conseil d'État. M. Rives accepta ces bienfaits du Roi avec une vive gratitude, et mit en effet un peu de relâche au travail qui altérait si fort sa santé.

Homme d'intelligence et de réflexion, il voyait avec une amère douleur les idées révolutionnaires marcher chaque jour en avant, comme la vague sous le poids du flux de l'Océan. En quittant les affaires publiques, il croyait s'en éloigner pour toujours et alléger ses soucis par l'accomplissement d'autres devoirs. Une circonstance inattendue le rappela sur la scène politique, et il y montra tout ce que le dévouement peut produire de générosité. On crut qu'une modification ministérielle était devenue indispensable, et le Roi porta ses vues sur M. de Labourdonnaye pour le portefeuille de l'intérieur. M. de Labourdonnaye, justement effrayé du fardeau, voulut le décliner et supplia le Roi de frapper à une autre porte. Le Roi, qui connaissait sa fidélité et ses vertus, insista de façon à ne pouvoir être refusé. Alors M. de Labourdonnaye dit au Roi : « Sire, je ne consens qu'à une condition, c'est que j'aurai M. Rives pour secrétaire général ; il n'est pas seulement mon ami, je ne vois que lui à qui je puisse me confier sans réserve dans ces temps difficiles. — Je ne demande pas mieux, répondit le Roi, mais vous n'y pensez pas. Il y a à peine six mois qu'il est à la Cour et il ne quittera pas son poste. — Sire, malgré tout mon désir d'obéir à Votre Majesté, c'est une condition absolue. — Eh bien, reprit le Roi, je vais le faire venir. » Aux instances de Charles X, M. Rives ne sut que répondre : « Je suis à Votre Majesté, à la vie à la mort. »

Le lendemain, 27 août 1829, parut la double ordonnance qui nommait M. de Labourdonnaye aux fonctions de Ministre, et M. Rives à celles de Directeur général du personnel, avec le titre de Conseiller d'État.

Les deux amis prirent possession du ministère et y portèrent des habitudes que l'on devait y rencontrer peu communément. Ministre et Directeur se tenaient invariablement sur pied à quatre heures du matin, et, à cinq heures au plus tard, descendaient dans leur cabinet respectif. A neuf heures, tout était réglé; la correspondance mise en ordre et signée, le rapport du préfet de police entendu, le travail des bureaux préparé et distribué; chacun se tenait prêt, soit pour les séances de la Chambre, soit pour le conseil ou le cabinet du roi.

M. Rives fut autorisé par le Garde des Sceaux à conserver ses fonctions de conseiller à la Cour de Paris; mais il déclara que sa conscience ne lui permettait point d'accepter une faveur qu'il regardait comme une incompatibilité. Magistrat rétribué, et laissant aux autres le soin de ses fonctions, il n'en fallait pas tant pour éveiller ses scrupules. Il donna immédiatement sa démission et se confia, comme toujours, à la Providence qui veillait sur lui. Jusque-là il était tellement absorbé par les affaires qu'il n'avait pas eu le temps de songer à ce qu'on appelle un établissement. Peu de mois après son entrée au ministère, il lui vint une proposition de mariage qui enchanta son ami. Tout était à souhait, la jeune personne, le nom et la fortune. M. Rives accueillit la proposition, et tout était en voie de prochaine conclusion. Mais un de ces hasards, qui sont des traits de lumière partis d'en haut, arriva juste au moment où cette grave affaire allait se terminer. Deux agents de police entrant dans un café, au sortir du théâtre, avisent deux hommes en conversation très-suivie et un peu mystérieuse. Ouvrir leurs oreilles, se rapprocher, saisir le fil de la conversation fut pour eux l'affaire d'un instant, et il s'agissait précisément du futur mariage du Directeur. Dès le lendemain matin, le préfet de police venait apprendre à M. Rives que son mariage couvrait une spéculation très-lucrative à laquelle on pensait qu'il donnerait les mains, et de plus une menée politique au profit de la faction orléaniste. Sur-le-champ, sans bruit, sans éclat d'aucune sorte, M. Rives rompit les négociations et en prévint le Ministre. Celui-ci raconta la chose au Roi, qui s'écria avec attendrissement : « Ah ! je le reconnais bien là ! Mais je n'entends pas qu'il y perde tout ; préparez une ordonnance que je vais signer sur l'heure et qui lui confère, par exception, l'ouvrage sur l'Egypte (1). »

Chacun sait que sous les gouvernements constitutionnels la vie des Ministres est courte et semée de longues tribulations. A la triste époque dont nous parlons, c'était une guerre en permanence. Les deux amis portaient leur fardeau avec une constance admirable, mais ils n'en sentaient pas moins la douloureuse pesanteur. Il fallait gouverner entre une opposition qui ne respecte rien, une conspiration aussi audacieuse que puissante, et l'incurable aveuglement du malheureux Roi. On lui mettait sous les yeux les pièces les plus convaincantes, on le serrait de tous côtés par les raisonnements les plus péremptoires, rien ne l'éclairait, rien ne parvenait à lui arracher un de ces actes, ou plutôt une suite progressive de ces actes d'énergie qui coupent le mal dans sa racine. Le duc d'Orléans ne lui paraissait point innocent, mais il fermait les yeux et ne permettait pas de frapper directement la faction par égard pour son chef.

Une modification ministérielle devenait indispensable, et les deux amis la conseillaient au Roi, en s'effaçant, comme d'habitude, afin de laisser au monarque la plus entière

(1) Cet ouvrage, qui comprend onze volumes in-folio, fut édité, comme on sait, par le premier Empire. Le texte et les nombreux dessins sont de la plus grande beauté. L'imprimerie royale en avait reproduit une certaine quantité d'exemplaires, et le roi n'en faisait hommage qu'aux souverains, aux ministres et aux personnages du premier rang. L'honorable Magistrat, à qui M. Rives laisse sa fortune, trouvera là une belle portion d'héritage et une éloquente instruction.

liberté. Ces Messieurs étaient d'avis qu'on appelât aux affaires les hommes les plus capables de l'opposition modérée, Casimir Périer, Laffitte et quelques autres. Ce qu'ils combattaient par-dessus tout, c'était l'avénement du prince de Polignac. Le Roi, au contraire, voulait ce favori avec toute l'obstination des hommes faibles. Malgré sa droiture et sa franchise naturelle, il entra dans de petites manœuvres pour dissimuler ses secrets desseins, ou peut-être plus vraisemblablement fut-il la dupe des intrigues par lesquelles on le circonvenait. M. Rives découvrit promptement tous les ressorts et parla de se retirer. Le Roi en témoigna beaucoup de regrets et fit des instances qui suspendirent la résolution du Directeur.

Le lendemain de sa nomination, M. de Polignac, prévenant l'heure des audiences, se présentait au cabinet de M. Rives, et voici les traits saillants de cette courte entrevue : « Je sais, monsieur Rives, que vous nous restez, et je vous en fais mes très-sincères compliments. — Prince, j'ai le vif regret de ne pouvoir vous en dire autant. — Allons, allons, vous verrez que tout s'arrangera mieux que vous ne pensez. — Je le désire de tout cœur. — La Princesse veut absolument vous avoir à dîner demain, vous ne pouvez lui refuser cela. — La Princesse me fait beaucoup d'honneur ; veuillez lui dire que je me rendrai à son invitation. »

Le dîner fut pour son œil exercé une étude des plus attentives, et il sortit avec des impressions assez douloureuses.

M. de Labourdonnaye nourrissait des illusions que ne partageait point son ami. Celui-ci consentit à attendre pour voir à l'œuvre les nouveaux venus et achever sa conviction. Lorsqu'il vit, à n'en plus pouvoir douter, que l'intrigue se trouvait substituée à l'habileté et que les protestations de dévouement aboutissaient au service d'intérêts tout personnels, sa résolution fut prise, et il la fit connaître en termes qui ne laissaient aucun doute. Le Roi en fut affligé et tenta de fléchir cette volonté inébranlable. « Sire, dit M. Rives, s'il ne s'agissait que de porter ma tête à l'échafaud pour le salut de Votre Majesté, Elle sait que je ne regarderais pas en arrière ; ici mon sacrifice est inutile et je ne dois pas le prolonger. »

En cette occasion, comme en toutes les autres, M. Rives obéissait à la voix de sa conscience et au sentiment de sa dignité personnelle, abstraction faite de ses intérêts. Entré dans les affaires publiques sans fortune, il était toujours prêt à en sortir dans les mêmes conditions. Peu d'années auparavant, lorsqu'il était encore Directeur au ministère de la justice, il avait donné de son indépendance un exemple qu'il convient de rappeler. A cette époque, et depuis plusieurs années, il vivait dans la plus intime liaison avec un célèbre Professeur de littérature à la Sorbonne. Ce personnage, quoique comblé des bienfaits du Roi, trouvait bon de se mettre à la mode, de mêler beaucoup de politique à sa littérature et de faire au gouvernement une opposition fort peu dissimulée. Il remplissait en même temps une fonction assez lucrative au conseil d'État, lorsque tout d'un coup une ordonnance insérée au *Moniteur* du 18 janvier 1827 annonça sa révocation. Ce fut presque un événement dans Paris. A notre avis, la mesure était parfaitement motivée ; mais le Professeur se posa en victime, et toute l'opposition jeta des cris perçants. M. Rives ressentit très-douloureusement la disgrâce de son ami et ne cacha point ses sentiments. Deux jours après, il donnait, en son honneur, un splendide dîner aux galeries du Palais-Royal.

Sous un gouvernement *libéral,* il eût été congédié lui-même sans délai ; la Restauration prit la chose avec moins de sévérité et ne murmura pas même un reproche.

En quittant brusquement la direction générale du ministère de l'intérieur, M. Rives ne s'était point demandé quelle porte allait s'ouvrir devant lui ; bien moins encore lui était-il venu à la pensée de réclamer une compensation quelconque. Heureusement la bonté du Roi pourvut à tout. Sa Majesté donna ordre au Garde des Sceaux de lui réserver le premier siége vacant à la Cour de cassation, et deux jours après, le 15 novembre 1829, M. Rives recevait sa nomination de conseiller à la Cour suprême, chambre criminelle.

On se tromperait singulièrement si l'on supposait que M. Rives fut un de ces hommes de parti qui visent avant tout au triomphe de leurs propres idées ou à l'élévation de ceux qui marchent sous leur bannière. Nous dirions qu'il était essentiellement modéré si, dans notre siècle d'abaissements, on n'avait pas défiguré le sens naturel et légitime de ce mot. Le vif sentiment de justice dont il était constamment pénétré le portait à la conciliation et au respect des droits acquis. Il voulait qu'en toute rencontre on consultât la raison, l'équité, la charité, au lieu de se laisser aller à la passion ou de prêter l'oreille aux langues trompeuses qui versent leurs poisons avec une détestable persévérance. Le roi Charles X avait un grand faible, malgré toute sa bonté ; il se laissait circonvenir par des esprits malveillants, ou bien se prenait d'antipathie à l'égard de certaines personnes, sans qu'on pût en deviner la cause. Une fois lancé dans cette fausse route, il s'y aveuglait d'une façon malheureuse. Lorsque M. Rives pouvait lire dans la pensée du Roi, il n'omettait rien pour découvrir ce qu'il y avait de fondé ou d'apparent dans les reproches de Sa Majesté, et s'il acquérait la certitude que le Roi était la dupe d'une erreur ou d'un faux rapport, il mettait tout en œuvre pour faire jaillir la lumière et amener doucement le Prince à rendre ses bonnes grâces à ceux qui les avaient perdues. Comme tout cela se faisait sans éclat, presque aucun des intéressés n'imaginait d'où pouvait provenir sa rentrée en faveur.

Nous aurions sur ce sujet, comme sur les affaires politiques, à retracer des détails piquants ou des traits qui nous ont vivement touché le cœur ; mais nous croirions blesser la mémoire de notre respectable et discret ami en portant dans le public ce qu'il réservait exclusivement aux plus intimes causeries. Le Roi avait une si grande confiance dans les lumières et la vertu de ce fidèle serviteur que plus d'une fois il envoya prendre son avis quand il hésitait sur le choix d'un fonctionnaire important.

En entrant à la Cour de cassation, M. Rives se trouvait au comble de son ambition et de ses vœux. Il dit adieu du fond du cœur aux agitations de la politique et n'aspira qu'au repos, dont il sentait un pressant besoin. « Pendant plus de deux ans, nous racontait-il, je ne semblais occupé dans mes prières qu'à demander à Dieu la grâce d'oublier ce que j'avais vu et entendu. Sous le feu des affaires, je ne pensais qu'à l'accomplissement de mon devoir; le reste disparaissait comme derrière un épais nuage. Rendu au calme et à mes réflexions, les hommes m'apparaissaient sous les plus tristes couleurs. Je faisais assez bon marché des torts de l'opposition, de son aveuglement, de ses inconstances, de son oubli de tout sentiment et de toute justice ; l'esprit de parti, les influences du dehors changent presque totalement les meilleures natures. Mais ce qui me paraissait difficile à pardonner aux hommes de toute classe et de toute condition dont je savais les noms, c'était leurs turpitudes et leurs horribles bassesses pour obtenir de l'argent. Et quand, après la Révolution de juillet, je vis de mes yeux tant d'ingratitudes, tant de scandaleuses conversions et des félonies si inattendues, j'avais besoin de me réfugier dans le sein de Dieu, et de dérober la terre à mes regards. »

Cependant les événements avaient marché plus vite qu'il ne s'y attendait, quoiqu'il augurât mal de l'avenir. La Monarchie fut emportée par ce vent des révolutions que l'on croyait enchaîné pour de longues années, et il fut étourdi de ce coup. En voyant le vieux et infortuné roi Charles X reprendre le chemin de l'exil, M. Rives en ressentit une amère douleur. Il connaissait d'ailleurs la main qui avait noué les fils de cette trame, et elle aurait eu moins de liberté si ses conseils eussent été suivis. La conjuration ne se contentait pas d'avoir plongé dans un deuil cruel la plus respectable et la plus antique des royales familles, il lui fallait encore la déshonorer par les caricatures les plus ignobles, et le Palais-Royal ou payait ou applaudissait. Que l'on juge de ce que pouvait souffrir une âme aussi élevée, aussi profondément reconnaissante et affectionnée que l'était celle de M. Rives. Un moment même il sembla qu'il allait être atteint directement et personnellement par la catastrophe. L'opposition, qui le connaissait si mal, le poursuivit jusque sur son siége et voulut l'en faire descendre, malgré le privilége de l'inamovibilité dont il était couvert. La Cour tout entière s'en émut, et M. Dupin lui-même défendit énergiquement l'intègre et laborieux Magistrat qu'il avait vu à l'œuvre. Le flot tumultueux passa sans apporter d'autre disgrâce, mais sans ébranler non plus la fermeté de ce juste.

M. Rives n'avait pas tardé à être apprécié par tous ses respectables collègues, et, à la manière dont il remplissait ses devoirs de magistrat, nul ne songeait à contester son mérite. Avec son ardeur accoutumée, il étudia la jurisprudence de la Cour suprême et en peu de temps il la connut à fond (1). La délicatesse de sa conscience lui faisait envisager ses hautes fonctions avec une religieuse frayeur. Personne plus que lui n'aima la vérité et la justice; personne n'apporta plus de soin à l'examen des causes graves et nombreuses qu'il était chargé de rapporter. Sourd à toute influence du dehors et aux considérations purement personnelles, il prêtait volontiers l'oreille à tout ce qui pouvait l'éclairer, et aucun sacrifice ne lui coûtait pour dissiper ses doutes. En chrétien pieux et humble, il ne procédait jamais à l'étude d'aucune affaire grave sans avoir imploré ces lumières célestes qui conduisent dans les vrais sentiers de la justice. « Quand on sait, disait-il, avec quelle facilité l'esprit hu-

---

(1) Il a laissé un volumineux recueil des arrêts de la Cour sur toutes les parties de la jurisprudence et qui serait du plus grand secours à tous les magistrats chargés de l'application des lois. Nous l'exhortions souvent à publier ce long travail, mais il était si appliqué à ses devoirs qu'il trouvait difficilement le temps de faire quelque chose pour lui-même. Il comptait sur les loisirs de la retraite pour mettre la dernière main à son ouvrage. La mort a prévenu ces heures de loisir!

main se laisse aller à la distraction et à la passion, comment penser sans frémir que c'est à des hommes qu'est remise la vie d'autres hommes, leur fortune et leur honneur? Aussi, avant de conseiller un procès, je veux m'assurer qu'il y a six chances contre une de démontrer la vérité sans réplique. »

Si la discrétion est une vertu et un devoir dans l'exercice de la magistrature, M. Rives la possédait à un degré éminent. Il ne supposait pas d'ailleurs qu'il en pût être différemment. Il exprimait son avis avec la franchise de son caractère, et soutenait son opinion quelquefois avec toute l'impétuosité de sa nature; mais une fois la chose délibérée, il en prenait la responsabilité comme si elle eût pesé uniquement sur lui. Il poussait le scrupule jusqu'à blâmer une louange et condamner sévèrement des applaudissements; disant, non sans raison, que l'on donne la liberté de la critique quand on consent à recevoir des approbations. Lorsque la Cour suprême, en 1833, renvoya devant leurs *juges naturels* les accusés condamnés par la Cour martiale, un avocat à la Cour, rencontrant M. Rives le lendemain du jour où l'arrêt fut rendu, accourut au-devant de lui en le félicitant avec beaucoup de chaleur. M. Rives le regarda fixement et lui dit d'un ton sévère : « Quoi donc, monsieur! Est-ce à dire que si la Cour avait jugé différemment, vous nous auriez sifflés? Sachez que je ne reconnais ce droit à personne. » L'honorable avocat comprit l'observation et fit ses excuses.

Dans ses rapports avec les membres de la Cour, M. Rives était bienveillant sans affectation, poli et toujours disposé à offrir ses services.

Quoique plusieurs de ses collègues fussent profondément séparés de lui par les principes politiques et les croyances religieuses, jamais dans nos longues conversations nous n'avons entendu un mot désobligeant pour aucun d'eux, et toutes les fois qu'il avait l'occasion de faire leur éloge comme magistrats, il s'y abandonnait avec complaisance. Ah! c'est qu'il avait un esprit libéral dans la vraie acception de ce mot. Comme il repoussait avec énergie la moindre atteinte à sa liberté, il ne se serait point pardonné de toucher à celle d'autrui, à moins d'y être contraint par le devoir, et ce devoir, il l'exerçait toujours avec ménagement et indulgence.

Le même homme qui n'aurait point traversé sa rue pour obtenir un honneur quelconque, se montrait fort jaloux des priviléges de sa Compagnie et les revendiquait avec une rigide constance. « Les Corps, disait-il, ont besoin plus que les individus de considération et de respect. Les priviléges dont ils jouissent et qui prennent leurs racines dans de longues traditions, donnent aux compagnies un caractère de stabilité et de grandeur que nos ancêtres avaient parfaitement compris. Aussi les corps d'autrefois ressemblaient à des citadelles autour desquelles chaque membre veillait en armes. Dans notre siècle égoïste, révolutionnaire et niveleur, ils sont comme des montagnes dont chacun perce les flancs pour emporter ce qui lui convient, et les individus n'étant pas atteints directement dans leurs personnes, n'en prennent pas le moindre souci. Jamais je ne cesserai de protester contre un système destructeur de toute société. »

Lorsque, en 1859, il prit le titre de doyen des conseillers, il en connaissait les prérogatives, et il s'appliqua à les maintenir en toute rencontre. Quand on lui objectait que c'était des usages et non des droits, il répondait : « L'usage et moi nous ne nous séparerons pas, autrement ce serait convenir que je ne vaux pas la peine qu'on y regarde de si près. »

M. Rives, une fois installé à la Cour suprême, reprit sa vie d'autrefois, et partagea son temps entre ses devoirs de magistrat, le travail et la société de ses amis. Les événements de juillet avaient diminué le nombre de ses relations. Personne n'ignorait son invariable attachement au régime précédent et à l'illustre famille dépossédée. Ceux qui avaient changé de drapeau ne pouvaient se flatter ni de le convertir ni de se faire approuver ; de là des dissidences qui ont toujours pour conséquence la séparation. Ce n'est pas que M. Rives étalât avec ostentation sa fidélité, rién n'était plus opposé à ses habitudes graves et modestes; ni qu'il lançât l'anathème contre ceux qui marchaient dans une voie différente; nul ne montrait plus de réserve et ne se taisait plus volontiers sur ce qu'il n'approuvait pas, mais les déserteurs ne sont pas ceux qui pardonnent le plus facilement l'amour constant et fidèle.

Toutefois, ce qui restait d'amis à M. Rives suffisait pour le consoler de ceux que la fortune emportait ailleurs. Son existence lui paraissait assez douce sous tous les rapports pour ne point vouloir en changer les conditions. Plusieurs propositions de mariage lui avaient été faites et il n'en avait accepté aucune. Ce ne fut qu'en 1838, c'est-à-dire, à l'âge de près de cinquante ans, qu'il épousa mademoiselle Costé de Triquerville, originaire de la haute Normandie.

Nous ne pouvons supprimer ici quelques détails, parce qu'ils peignent l'homme dans tout son naturel.

Aux premières ouvertures qui lui furent faites sur ce projet d'alliance, il répondit par un refus formel, objectant son âge et sa condition roturière. On revint à la charge et, dans les conversations qui s'échangèrent, M. Rives apprit que Mademoiselle de Triquerville était en butte à de pénibles tracasseries de la part de sa famille. Ce fut le trait qui frappa ce cœur généreux et changea ses desseins. Les négociations furent autorisées et arrivèrent à bon terme.

Avant de conclure le mariage, M. Rives voulut avoir une entrevue avec son futur beau-père, et avec cet accent de franchise qui lui était particulier, il dit à M. de Triquerville : « Monsieur, je dois vous prévenir que je ne suis noble par aucune branche de ma famille ; mais je suis chrétien et, comme tel, je crois vous devoir la confession de ma vie passée et l'exposé de ma situation financière, vous laissant après cela une liberté aussi entière que si jamais il n'eût été question de moi pour la main de Mademoiselle votre fille. » Les explications étant données de part et d'autre, personne ne recula, et peu de temps après les noces furent célébrées en grande pompe au château de Triquerville.

La famille de Triquerville était alliée de fort près à plusieurs nobles maisons, entre autres aux maisons de Bailleul et de Paix-de-Cœur, fort considérées dans la province de Normandie. Le digne Magistrat fut accueilli avec empressement, et ne cessa de vivre en parfaite harmonie avec sa nouvelle parenté.

M. Rives, après quelques années de mariage, s'éloigna presque entièrement du monde. Il se renferma dans un cercle très-restreint d'amis, fidèles comme lui au souvenir de l'ancienne monarchie et liés entre eux par une longue intimité. Quand on parvient à un certain âge, on voit le vide se faire promptement autour de soi. La mort cruelle moissonne, et on a perdu le goût et l'aptitude pour des connaissances nouvelles. M. Rives avait vu disparaître successivement les meilleurs amis dont la Providence l'avait fait jouir, le docteur Ytard, son compatriote, M. le marquis d'Orvilliers, M. l'abbé de Montesquiou, son protecteur, M. le duc et madame la duchesse d'Uzez, beaucoup d'autres dont les noms nous échappent. M. de Féletz, qu'il appelait justement l'homme le plus aimable et le plus heureusement spirituel, fut enlevé à son affection profonde, peu après la révolution de février. M. Briffaut, leur ami commun, survécut quelques années, et M. Rives entoura sa vieillesse des attentions les plus assidues. Il eut le bonheur de ramener à la pratique de ses devoirs et à de grands sentiments de religion cet homme de lettres dont la plume n'avait pas toujours respecté les préceptes de la saine morale, servant avec trop de facilité les goûts d'un monde qui fait son Dieu du plaisir. Hâtons-nous de dire que M. Briffaut n'était pas seulement un homme d'esprit et d'une politesse exquise, mais qu'il joignait à ces qualités gracieuses quelque chose de plus solide, une grande bonté de cœur, un rare dévouement et la compassion envers les pauvres. Ce sont là de ces vertus qui prédisposent à bien mourir.

Déjà M. Rives avait rendu le même bon office à son ami le docteur Ytard, qui était aussi un homme de bien. Après avoir mis en repos sa conscience, le bon Docteur remerciait avec effusion son cher compatriote et lui témoignait sa joie; alors M. Rives de lui demander : « Expliquez-moi donc, je vous prie, mon cher ami, pourquoi vous m'avez fait si longtemps attendre? Voilà de ces mystères que je ne m'explique pas dans un homme de cœur et d'intelligence comme vous l'êtes. — L'explication est bien simple; je ne le faisais pas le lendemain, parce que je ne l'avais pas fait la veille. C'est un grand malheur que de se déshabituer de son devoir. »

On voit par là que M. Rives n'était pas de ces chrétiens cruellement timides qui craignent de rappeler aux malades leur destinée et les graves obligations que la religion leur impose pour le salut de leur âme ; de ces cœurs amollis qui exposent à une perte éternelle leurs parents ou leurs amis, sous le futile prétexte de ménager les émotions et de prolonger quelques heures d'existence. Autant il se montrait patient et indulgent dans le cours ordinaire de la vie, autant il devenait ardent et pressant à l'heure du danger. Aucune considération n'eût été capable de l'arrêter, de lui fermer les lèvres, et c'est en cela qu'il donnait la preuve de la sincérité et de l'étendue de son affection.

Pour lui, il avait un esprit de religion qui nous a bien souvent édifié. Sa foi, éclairée et soutenue par de solides lectures, était néanmoins simple comme celle du charbonnier. Au risque d'être trop long, nous en donnerons pour preuve le changement qui se produisit dans ses idées, et dont nous avons vu peu d'exemples parmi les hommes de sa condition. M. Rives avait été élevé dans les principes du gallicanisme, et le milieu dans lequel il vivait n'était point de nature à les ébranler. Louis XVIII, en remontant sur le trône de ses aïeux, ne relâchait aucune de leurs prétentions à l'égard de l'Église. Pour mieux figurer Louis XIV, il revêtit le vieux manteau gallican, percé de mille trous et l'on sait tout ce qu'entreprit le ministère Lainé pour l'entière résurrection des quatre Articles. Il ne manquait pas de gens dans le clergé et la société pour croire et affirmer que la monarchie ne pouvait s'asseoir solidement qu'en s'appuyant sur ces fameuses colonnes, et que l'Église, en France, ne pouvait refleurir que sous les rayons de cet astre. M. Rives tenait la chose pour avérée. En 1821, il publiait les œuvres d'Omer et de Denis Talon, plus tard les lettres inédites du chancelier d'Aguesseau, et ce n'est pas à pareille école qu'il pouvait mettre en doute les perfections du gallicanisme. Après la révolution de 1830, il vit d'autres hommes, étudia avec plus de soin, lut d'autres livres, et tout cela, joint à la lumière produite par les événements, changea ses idées de fond en comble. Cet esprit si judicieux sentit le danger de ces fausses doctrines qui n'ont jamais abouti qu'au schisme et à l'asservissement de l'Église. Il s'attacha dès lors à l'Église romaine avec une telle ardeur et une si parfaite docilité, qu'il eût été impossible de retrouver trace quelconque des errements du temps passé. Dans les conversations, M. Rives n'aimait point qu'on discutât sur les matières religieuses. Lorsque le fait se produisait en dehors de sa volonté, il se contentait d'affirmer sa foi et de déclarer son incompétence pour des jugements de cette sorte. « Ce n'est pas à nous qu'il appartient d'enseigner ; notre rôle est de croire, et il suffit bien. » Une seule chose lui paraissait insupportable dans le commerce des hommes et lui inspirait une profonde aversion, l'impiété. « C'est là, disait-il, un vice contre nature. Dans mon expérience de magistrat, j'ai eu lieu de me convaincre qu'il a pour cause un notable défaut de jugement, ou des mœurs basses et honteuses ; il en faudrait moins pour m'en donner de l'horreur. »

La révolution de février étonna peu M. Rives et ne servit qu'à l'affermir dans le genre de vie qu'il avait embrassé. A l'exemple de beaucoup de légitimistes, il vit dans un événement aussi imprévu un de ces coups de tonnerre par lesquels la Providence exerce une partie de sa justice pour l'instruction des nations et des rois. Trop chrétien pour se réjouir d'une infortune, il avait touché aussi les choses de trop près pour ne pas constater un châtiment mérité. Les changements politiques qui suivirent le trouvèrent, sinon indifférent, au moins fort silencieux. L'Empereur lui conféra la croix de commandeur de l'ordre de la Légion d'honneur, au moment où il s'y attendait le moins. Il se montra reconnaissant d'une faveur que rien ne lui faisait prévoir, mais rien ne fut dérangé dans ses habitudes et dans sa ligne de conduite.

Depuis 1845, M. Rives aspirait après ses deux mois de vacances pour aller jouir du repos et du calme au milieu de la haute Normandie, où il se plaisait beaucoup. Madame Rives voulut habiter son pays natal, situé dans le canton de Lillebonne et au milieu de coteaux très-pittoresques. On y bâtit une maison spacieuse dans le cours des années 1850 et 1851, et l'on créa successivement un entourage. Cette nouvelle propriété charma M. Rives et par l'agrément qu'elle offrait, et par tous les travaux qu'il y avait exécutés. Aussi y courait-il avec empressement le premier jour où sonnait l'heure de sa liberté. Là, délivré de tous soins assujettissants, entouré de livres, et plus souvent d'ouvriers, il vivait dans une simplicité vraiment patriarcale, donnant l'exemple d'une vie parfaitement régulière et modeste, et faisant le bien dans la mesure de sa fortune et de son crédit. Nulle part on ne rencontrait un accueil plus cordial, une hospitalité plus obligeante, une liberté plus entière. Il mettait à recevoir ses amis une grande partie de son bonheur, et rien ne le réjouissait plus que de voir autour de lui une sage gaieté et l'expression du contentement.

C'est au sein de cette chère solitude qu'il se promettait un repos assuré et des jours tranquilles à la fin de sa carrière de magistrat. Mais ce n'était là qu'un de ces rêves dont l'imagination humaine se repaît en face d'un avenir dont Dieu seul tient le secret ! La santé de Madame Rives

était gravement atteinte depuis quelques années, et M. Rives
en éprouvait tout le chagrin que donne une nature aussi
ardente que sensible. Enfin, après une longue suite d'alter-
natives tantôt rassurantes, tantôt désespérantes, Madame
Rives mourut à la campagne, le 26 décembre 1862, avec
toute la foi et la résignation d'une chrétienne. Ce funèbre
événement portait un coup bien douloureux au cœur de
M. Rives et arrivait dans les plus fâcheuses circonstances.
Dès le mois de juillet de la même année, il avait été pris à
son tour d'un violent catàrrhe, dont il souffrait cruellement.

Nous supposâmes d'abord que la goutte, dont il ressentait
quelquefois les accès, était remontée sur sa poitrine. Quant
à lui, il ne douta pas que la cause ne provînt des émotions si
multipliées, et souvent dissimulées, que lui avaient occa-
sionnées la maladie de Madame Rives. En effet, sa robuste
constitution ne pouvait résister à des secousses de cette
nature ; la lutte dans ces conditions devait finir par une per-
turbation profonde de tout l'organisme. A la suite du ca-
tarrhe survint un dégoût presque insurmontable pour toute
espèce de nourriture solide, et alors le pauvre malade tomba
dans un amaigrissement effrayant. Ses forces s'en allaient
chaque jour, et, malgré tout son courage, il fallut s'enfer-
mer dans l'étroit espace de sa chambre.

Au milieu du naufrage qui emportait le vaisseau pièce à
pièce, le gouvernail demeurait intact. Son intelligence était
aussi lucide et sa mémoire aussi heureuse que dans les
meilleurs jours. Lorsqu'il se trouvait autrefois dans une
société qui lui plaisait et que, par la force des choses, il
prenait la parole, on l'écoutait avec un vif plaisir. Il racontait à merveille ; son œil beau et brillant, sa parole accen-
tuée, son langage choisi, sans apprêt, le jeu de sa physio-
nomie expressive, tout contribuait à relever son entretien
et à lui donner un attrait piquant.

Six semaines avant sa mort, nous étions près de lui, à la
campagne, et nous passions de longues heures à l'entendre.
Il nous parlait de la société qu'il avait connue et fréquentée,

des affaires politiques où il avait été mêlé avec des détails si intéressants et des réflexions si justes que nous aurions voulu les transcrire. Lorsque nous lui demandions pourquoi lui-même n'avait pas composé quelques Mémoires pour transmettre à un autre âge ces traits vivants que l'histoire ne renferme point, il répondait : « D'abord pour écrire, il faut du temps et des loisirs qui m'ont manqué. Ensuite quand on écrit des mémoires, il est bien difficile de ne pas blesser deux choses à la fois, la vérité et la charité. En ce qui touche la politique, il m'aurait fallu révéler des choses que le monde ne gagne rien à connaître, parler du roi Charles X, dire mon sentiment sur des actes que je ne pouvais approuver au point de vue du gouvernement, et nulle considération ne me fera publier un mot de blâme sur le meilleur des rois et le plus honnête des hommes. Je partirai sans regret ; la société se pervertit chaque jour; la religion est abandonnée ou trop souvent défigurée, et accommodée au goût des passions. Ah ! mon cher ami, je vous l'ai souvent répété; il fait bon d'être vieux! Le siècle que j'ai vu finir et celui que j'ai vu commencer ont donné le spectacle de grands crimes; mais ils comptaient aussi d'admirables caractères. Le temps où nous vivons ne paraît propre ni aux crimes ni aux grandes vertus. Les caractères sont amollis et incapables de longue résistance. C'est mon désespoir, lorsque je rencontre des hommes pour qui la Providence a tout fait, qui vivent dans une position honorable et indépendante, et cependant lâchent pied honteusement par des considérations politiques, des intérêts de famille, des complaisances pour les salons où ils dépensent leurs loisirs! Si vous voulez résister au torrent et rappeler les grands principes, sinon de la conscience chrétienne, au moins de l'honneur, de la dignité, du respect qu'on se doit à soi-même, vous ne passez point seulement pour extravagant, mais encore comme un ennemi du genre humain. Je causais de ces choses-là, il y a quelque temps avec un homme qui me paraissait grave, et il ne trouva rien de mieux à me dire, sinon *qu'il faut être de son temps.* « Alors, Monsieur, lui dis-je, si le temps vient de détrousser ses voisins, il faudra que vous fassiez partie de la bande! Où peut-on aboutir avec une société qui ne connaît d'autre principe que de s'accommoder au temps? Dieu sans doute est tout-puissant, mais quand la prévarication devient générale, il a ses heures de justice, et je désire fort n'en être pas témoin.»

Quoique parfaitement résigné à quitter cette terre où il n'entrevoyait rien de bien consolant, comme tous les malades, il se laissait aller à l'illusion, se berçait d'espérances et formait des projets pour l'avenir. C'est ainsi qu'il avait arrêté dans sa pensée de retourner à Paris, d'y préparer les pièces nécessaires pour la liquidation de sa pension de retraite et revenir en Normandie achever paisiblement sa carrière. Nous le quittâmes une vingtaine de jours avant le terme fixé pour son départ, les larmes aux yeux et l'amertume dans le cœur, car nous ne pouvions conserver les mêmes illusions et nourrir les mêmes espérances ; à peine pouvions-nous compter qu'il atteindrait l'époque de ce voyage auquel nous l'engagions fortement à renoncer. Il partit néanmoins à la fin d'octobre, et arriva dans une situation facile à concevoir.

L'affaiblissement croissait chaque jour et la vie s'éteignait comme la flamme d'une lampe à bout de combustible. Il reçut les derniers sacrements avec de grands sentiments de foi et de piété. Sa dernière agonie fut assez douloureuse, et il expira le 27 novembre, sans avoir pour ainsi dire perdu connaissance.

Aucun enfant n'étant issu de son mariage, la mort de Madame Rives l'aurait laissé dans une affreuse solitude, si la Providence n'avait mis à côté de lui une femme aussi vertueuse que dévouée. Depuis plusieurs années une tante de Madame Rives s'était jointe à la communauté. Après la mort de sa nièce, elle prit la direction de la maison et prodigua à M. Rives les soins les plus affectueux et les plus touchants.

Depuis plusieurs années les deux époux avaient formé le projet d'élever une chapelle funéraire dans l'enceinte même de leur propriété, et de s'y faire un lieu de sépulture. Madame Rives, qui était exclusivement chargée de la direction des constructions, ajourna celle-ci pour satisfaire à d'autres exigences. La mort paraît toujours si éloignée ! Elle en fut frappée avant d'avoir pu mettre la main à l'œuvre. M. Rives, aussitôt après la mort de sa chère compagne, pressa l'exécution de son dessein. Dès le mois de juin suivant, un triple caveau se trouvait entièrement disposé, et les murs de la chapelle poussés hors de terre. M. Rives retourna en Normandie et transporta solennellement les restes de la femme qu'il avait aimée au lieu de leur suprême repos. Hélas ! et à un intervalle de moins de six mois, lui-même allait prendre place sur ces dalles funèbres où règnent le silence et le froid de la mort.

O digne et respectable ami, pendant que votre dépouille mortelle dort du sommeil de la tombe, jusqu'au grand jour du réveil, puisse votre âme reposer doucement dans la paix et les splendeurs de cette Patrie que vous avez saluée de loin avec tant de foi et d'espérance ! Vous qui avez oublié les ingratitudes presque aussi vite qu'on oubliait vos bienfaits, vous aurez trouvé grâce devant le Dieu très-bon et très-miséricordieux. Toutefois, nous nous croirions infidèle à l'amitié, si votre chère mémoire ne se mêlait à nos prières de chaque jour. Vous étiez homme, et comme tel vous avez senti le poids de ces imperfections que traîne après elle notre nature trop fragile ; vous en avez gémi douloureusement. Si la justice suprême de Celui à qui rien n'est caché exigeait encore une dernière obole pour votre délivrance, vos fidèles amis s'estimeraient bien heureux de la payer par leurs pieuses et ardentes supplications !

RÉAUME.